Thank you for your purchase!

Remember to leave us a comment on Amazon to give us your feedback.

You will find a QR code to scan at the end of the booklet to give your opinion easily

Also feel free to look at the other books in the collection also at the end of the booklet

Good learning!

a

あ

1 2 3

あ
あ
あ

あ	あ	あ	あ	あ	あ	あ	あ	あ	あ	あ	
あ	あ	あ	あ	あ	あ	あ	あ	あ	あ	あ	
あ	あ	あ	あ	あ	あ	あ	あ	あ	あ	あ	
あ	あ	あ	あ	あ	あ	あ	あ	あ	あ	あ	
あ											
あ											
あ											
あ											
あ											
あ											
あ											

あ	あ	あ	あ	あ	あ	あ	あ	あ	あ	あ	
あ	あ	あ	あ	あ	あ	あ	あ	あ	あ	あ	
あ	あ	あ	あ	あ	あ	あ	あ	あ	あ	あ	
あ	あ	あ	あ	あ	あ	あ	あ	あ	あ	あ	
あ											
あ											
あ											
あ											
あ											
あ											
あ											
あ											
あ											
あ											
あ											

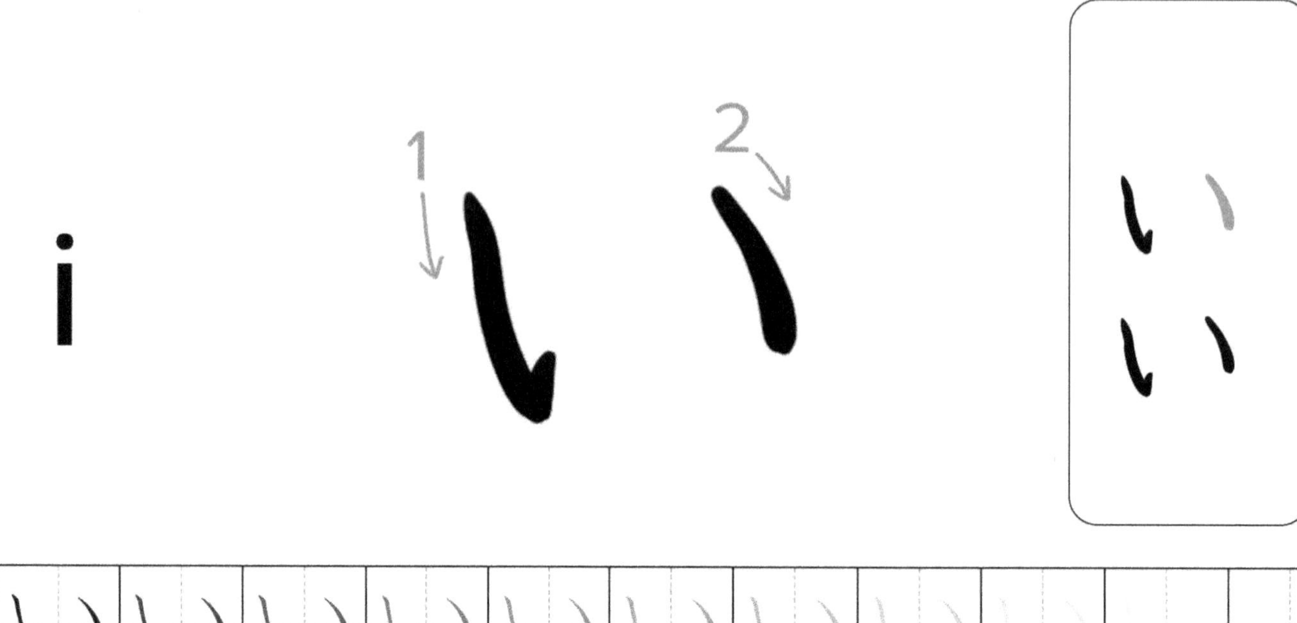
i
1
2

u

1 2

う

うう

う	う	う	う	う	う	う	う	う	う		
う	う	う	う	う	う	う	う	う	う		
う	う	う	う	う	う	う	う	う	う		
う	う	う	う	う	う	う	う	う	う		
う											
う											
う											
う											
う											
う											
う											

う	う	う	う	う	う	う	う	う	う		
う	う	う	う	う	う	う	う	う	う		
う	う	う	う	う	う	う	う	う	う		
う	う	う	う	う	う	う	う	う	う		
う											
う											
う											
う											
う											
う											
う											
う											
う											
う											
う											

e

1 2

え

ええ

え	え	え	え	え	え	え	え	え	え		
え	え	え	え	え	え	え	え	え	え		
え	え	え	え	え	え	え	え	え	え		
え	え	え	え	え	え	え	え	え	え		
え											
え											
え											
え											
え											
え											
え											

え	え	え	え	え	え	え	え	え	え	え	
え	え	え	え	え	え	え	え	え	え	え	
え	え	え	え	え	え	え	え	え	え	え	
え	え	え	え	え	え	え	え	え	え	え	
え											
え											
え											
え											
え											
え											
え											
え											
え											
え											
え											

o

おおお

お	お	お	お	お	お	お	お	お	お	お	
お	お	お	お	お	お	お	お	お	お	お	
お	お	お	お	お	お	お	お	お	お	お	
お	お	お	お	お	お	お	お	お	お	お	
お											
お											
お											
お											
お											
お											
お											
お											
お											
お											
お											

ka

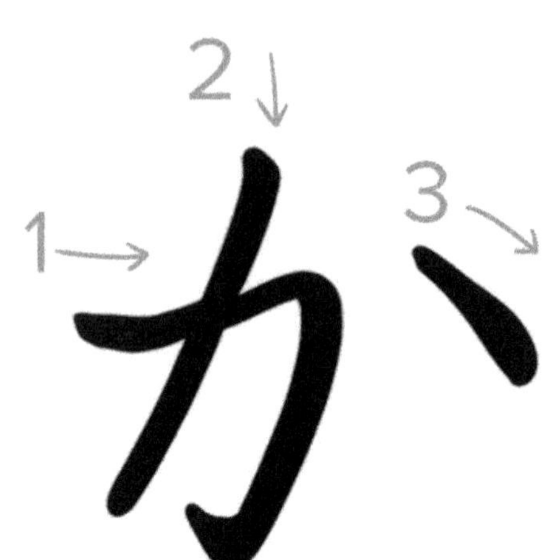

かかか

か	か	か	か	か	か	か	か	か	か	か	
か	か	か	か	か	か	か	か	か	か	か	
か	か	か	か	か	か	か	か	か	か	か	
か	か	か	か	か	か	か	か	か	か	か	
か											
か											
か											
か											
か											
か											
か											
か											
か											
か											
か											

ki

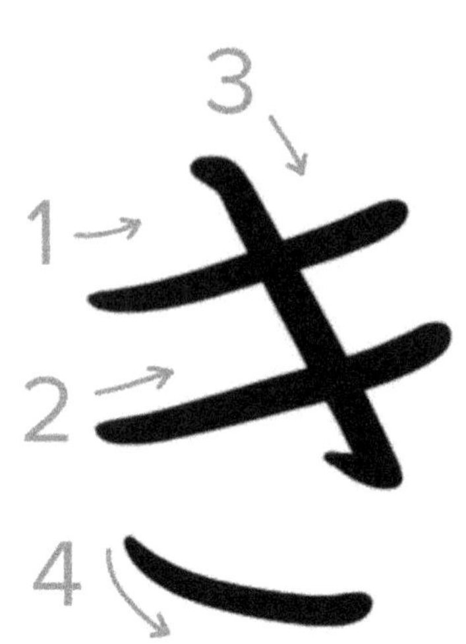

きききき

きききききききききき
きききききききききき
きききききききききき
きききききききききき
き
き
き
き
き
き
き

き	き	き	き	き	き	き	き	き	き	き	
き	き	き	き	き	き	き	き	き	き	き	
き	き	き	き	き	き	き	き	き	き	き	
き	き	き	き	き	き	き	き	き	き	き	
き											
き											
き											
き											
き											
き											
き											
き											
き											
き											
き											

ku

く

く	く	く	く	く	く	く	く	く	く	く	
く	く	く	く	く	く	く	く	く	く	く	
く	く	く	く	く	く	く	く	く	く	く	
く	く	く	く	く	く	く	く	く	く	く	
く											
く											
く											
く											
く											
く											
く											
く											
く											
く											
く											

ke

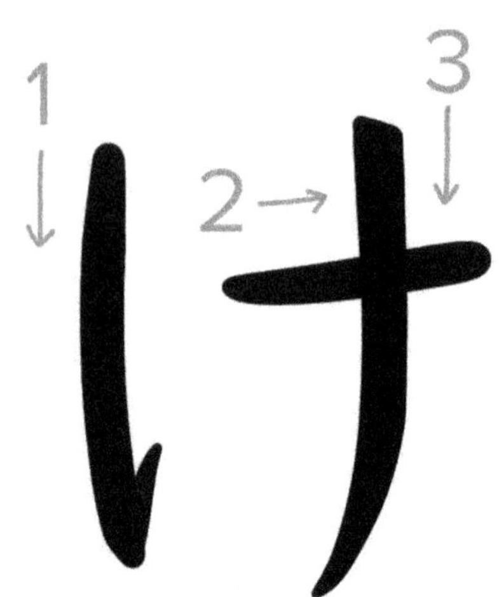

け
け
け

け											
け											
け											
け											
け											
け											
け											
け											
け											
け											
け											

けけけけけけけけけけけ
けけけけけけけけけけけ
けけけけけけけけけけけ
けけけけけけけけけけけ
け
け
け
け
け
け
け
け
け
け
け

ko

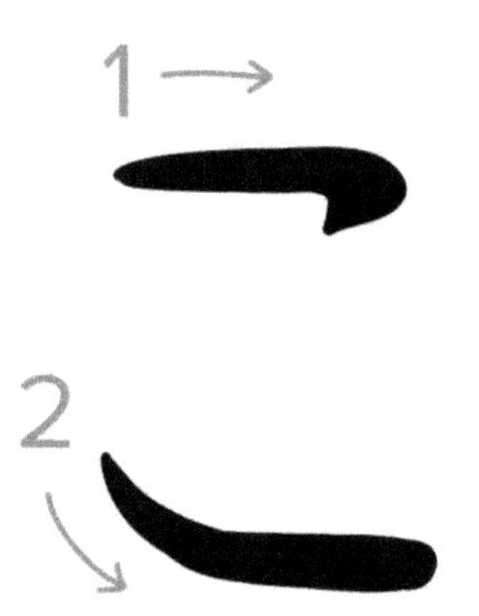

こ	こ	こ	こ	こ	こ	こ	こ	こ	こ	こ	
こ	こ	こ	こ	こ	こ	こ	こ	こ	こ	こ	
こ	こ	こ	こ	こ	こ	こ	こ	こ	こ	こ	
こ	こ	こ	こ	こ	こ	こ	こ	こ	こ	こ	
こ											
こ											
こ											
こ											
こ											
こ											
こ											
こ											
こ											
こ											
こ											

sa

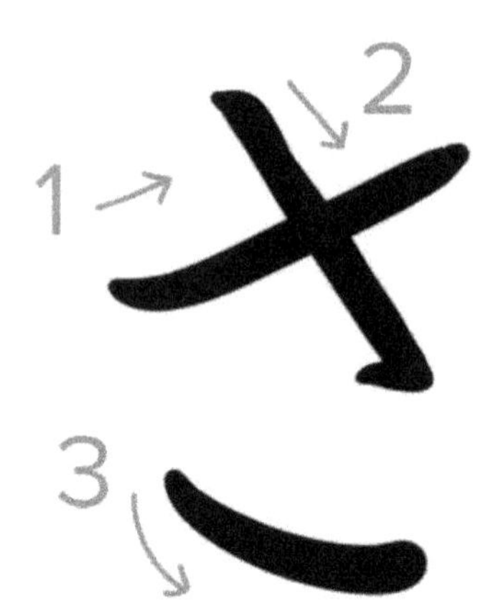

さ	さ	さ	さ	さ	さ	さ	さ	さ	さ	さ	
さ	さ	さ	さ	さ	さ	さ	さ	さ	さ	さ	
さ	さ	さ	さ	さ	さ	さ	さ	さ	さ	さ	
さ	さ	さ	さ	さ	さ	さ	さ	さ	さ	さ	
さ											
さ											
さ											
さ											
さ											
さ											
さ											

さささささささささささ
さささささささささささ
さささささささささささ
さささささささささささ
さ
さ
さ
さ
さ
さ
さ
さ
さ
さ
さ

shi

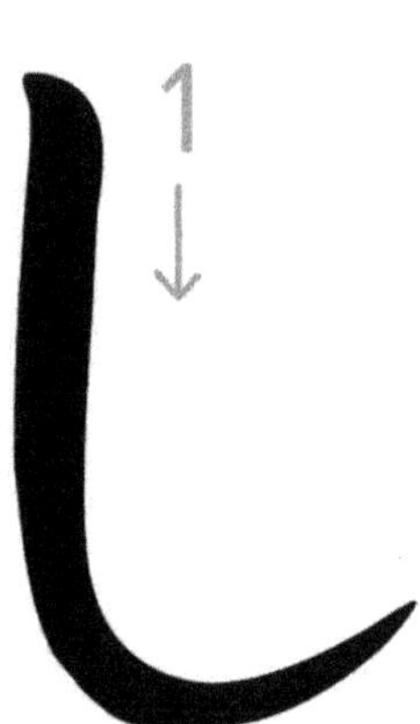

l	l	l	l	l	l	l	l	l	l	l	
l	l	l	l	l	l	l	l	l	l	l	
l	l	l	l	l	l	l	l	l	l	l	
l	l	l	l	l	l	l	l	l	l	l	
l											
l											
l											
l											
l											
l											
l											
l											
l											
l											
l											

su

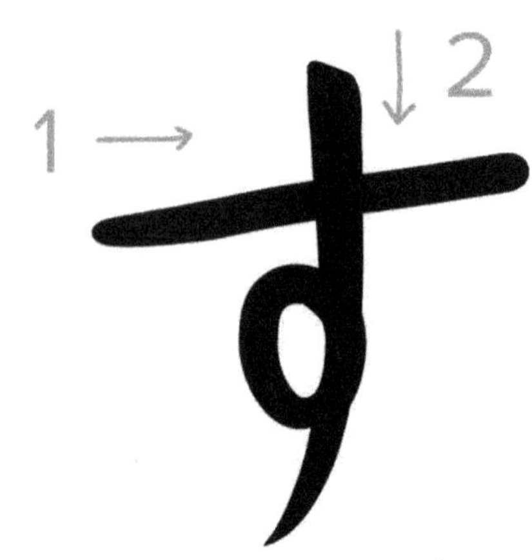

す
す

す	す	す	す	す	す	す	す	す	す	す	
す	す	す	す	す	す	す	す	す	す	す	
す	す	す	す	す	す	す	す	す	す	す	
す	す	す	す	す	す	す	す	す	す	す	
す											
す											
す											
す											
す											
す											
す											

す	す	す	す	す	す	す	す	す	す	す	
す	す	す	す	す	す	す	す	す	す	す	
す	す	す	す	す	す	す	す	す	す	す	
す	す	す	す	す	す	す	す	す	す	す	
す											
す											
す											
す											
す											
す											
す											
す											
す											
す											
す											

se

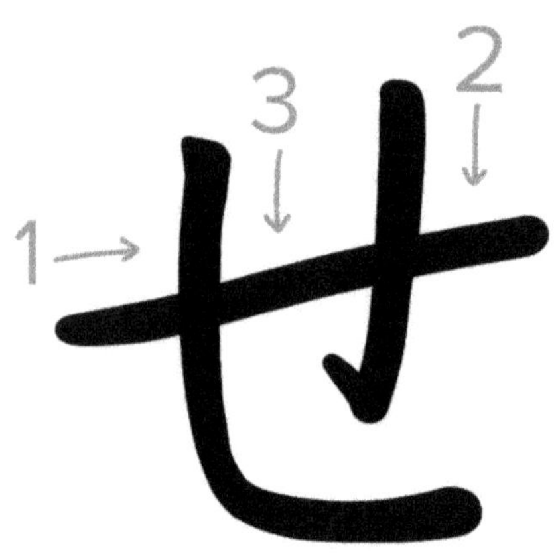

せ
せ
せ

せ	せ	せ	せ	せ	せ	せ	せ	せ	せ	せ	
せ	せ	せ	せ	せ	せ	せ	せ	せ	せ	せ	
せ	せ	せ	せ	せ	せ	せ	せ	せ	せ	せ	
せ	せ	せ	せ	せ	せ	せ	せ	せ	せ	せ	
せ											
せ											
せ											
せ											
せ											
せ											
せ											

せ	せ	せ	せ	せ	せ	せ	せ	せ	せ	せ	
せ	せ	せ	せ	せ	せ	せ	せ	せ	せ	せ	
せ	せ	せ	せ	せ	せ	せ	せ	せ	せ	せ	
せ	せ	せ	せ	せ	せ	せ	せ	せ	せ	せ	
せ											
せ											
せ											
せ											
せ											
せ											
せ											
せ											
せ											
せ											
せ											

SO

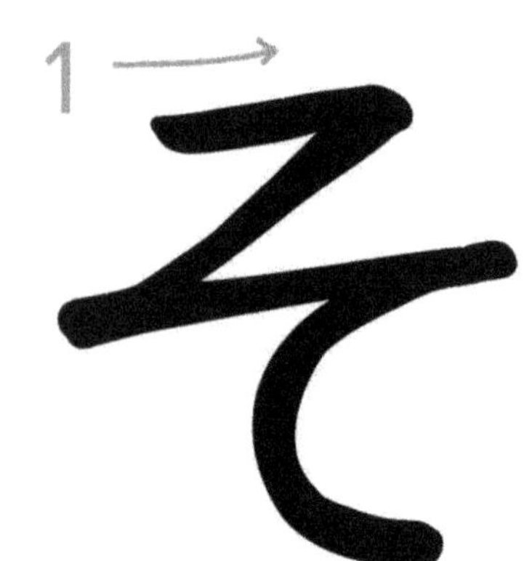

そ

そ	そ	そ	そ	そ	そ	そ	そ	そ	そ	そ	
そ	そ	そ	そ	そ	そ	そ	そ	そ	そ	そ	
そ	そ	そ	そ	そ	そ	そ	そ	そ	そ	そ	
そ	そ	そ	そ	そ	そ	そ	そ	そ	そ	そ	
そ											
そ											
そ											
そ											
そ											
そ											
そ											
そ											
そ											
そ											
そ											
そ											

ta

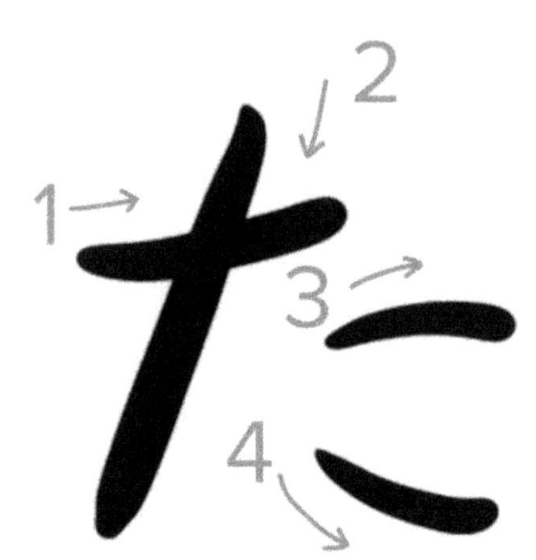

たたたた

た	た	た	た	た	た	た	た	た	た		
た	た	た	た	た	た	た	た	た	た		
た	た	た	た	た	た	た	た	た	た		
た	た	た	た	た	た	た	た	た	た		
た											
た											
た											
た											
た											
た											
た											

たたたたたたたたたたた
たたたたたたたたたたた
たたたたたたたたたたた
たたたたたたたたたたた
た
た
た
た
た
た
た
た
た
た
た

chi

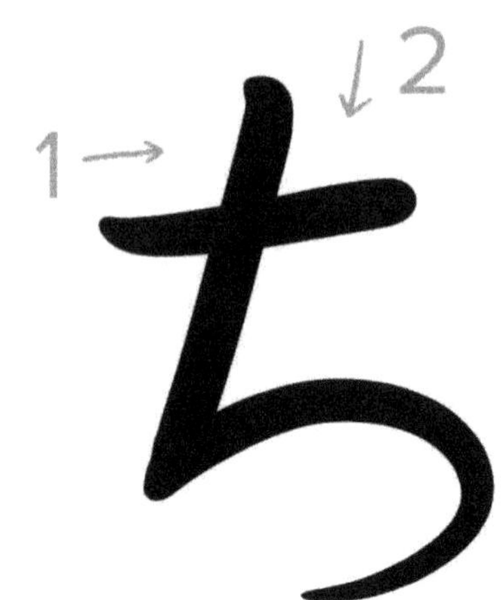

ち
ち

ち	ち	ち	ち	ち	ち	ち	ち	ち	ち	ち	
ち	ち	ち	ち	ち	ち	ち	ち	ち	ち	ち	
ち	ち	ち	ち	ち	ち	ち	ち	ち	ち	ち	
ち	ち	ち	ち	ち	ち	ち	ち	ち	ち	ち	
ち											
ち											
ち											
ち											
ち											
ち											
ち											

ちちちちちちちちちちち
ちちちちちちちちちちち
ちちちちちちちちちちち
ちちちちちちちちちちち
ち
ち
ち
ち
ち
ち
ち
ち
ち
ち
ち

tsu

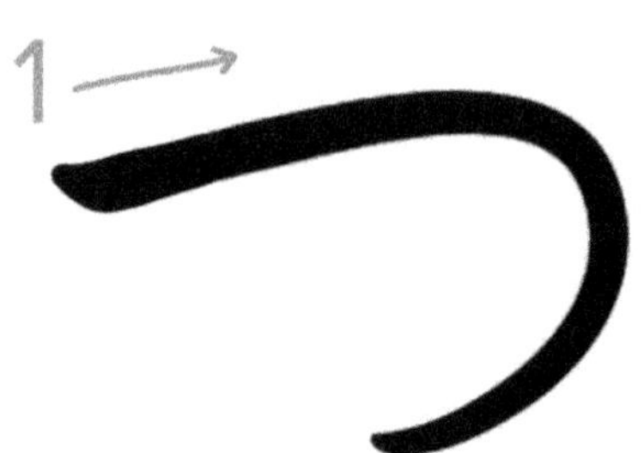

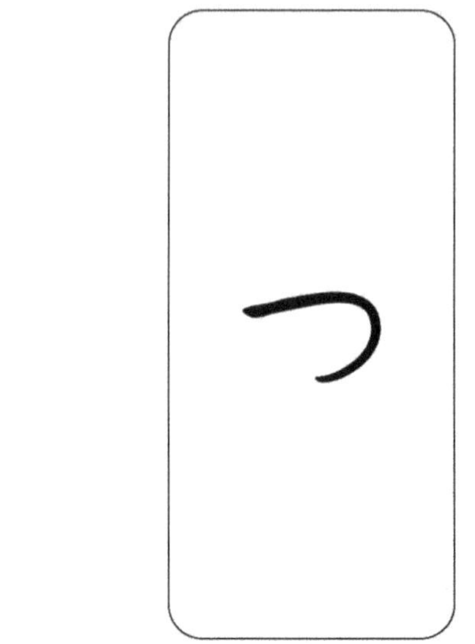

つ	つ	つ	つ	つ	つ	つ	つ	つ	つ	つ	
つ	つ	つ	つ	つ	つ	つ	つ	つ	つ	つ	
つ	つ	つ	つ	つ	つ	つ	つ	つ	つ	つ	
つ	つ	つ	つ	つ	つ	つ	つ	つ	つ	つ	
つ											
つ											
つ											
つ											
つ											
つ											
つ											

つ	つ	つ	つ	つ	つ	つ	つ	つ	つ	つ	
つ	つ	つ	つ	つ	つ	つ	つ	つ	つ	つ	
つ	つ	つ	つ	つ	つ	つ	つ	つ	つ	つ	
つ	つ	つ	つ	つ	つ	つ	つ	つ	つ	つ	
つ											
つ											
つ											
つ											
つ											
つ											
つ											
つ											
つ											
つ											
つ											

te

1 →

て

て

て	て	て	て	て	て	て	て	て	て	て	
て	て	て	て	て	て	て	て	て	て	て	
て	て	て	て	て	て	て	て	て	て	て	
て	て	て	て	て	て	て	て	て	て	て	
て											
て											
て											
て											
て											
て											
て											

て	て	て	て	て	て	て	て	て	て	て	
て	て	て	て	て	て	て	て	て	て	て	
て	て	て	て	て	て	て	て	て	て	て	
て	て	て	て	て	て	て	て	て	て	て	
て											
て											
て											
て											
て											
て											
て											
て											
て											
て											
て											

to

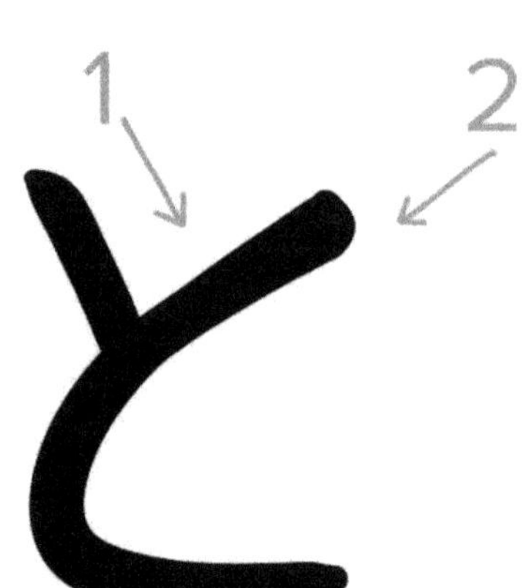

と
と

と	と	と	と	と	と	と	と	と	と	と	
と	と	と	と	と	と	と	と	と	と	と	
と	と	と	と	と	と	と	と	と	と	と	
と	と	と	と	と	と	と	と	と	と	と	
と											
と											
と											
と											
と											
と											
と											

と	と	と	と	と	と	と	と	と	と	と	
と	と	と	と	と	と	と	と	と	と	と	
と	と	と	と	と	と	と	と	と	と	と	
と	と	と	と	と	と	と	と	と	と	と	
と											
と											
と											
と											
と											
と											
と											
と											
と											
と											
と											

na

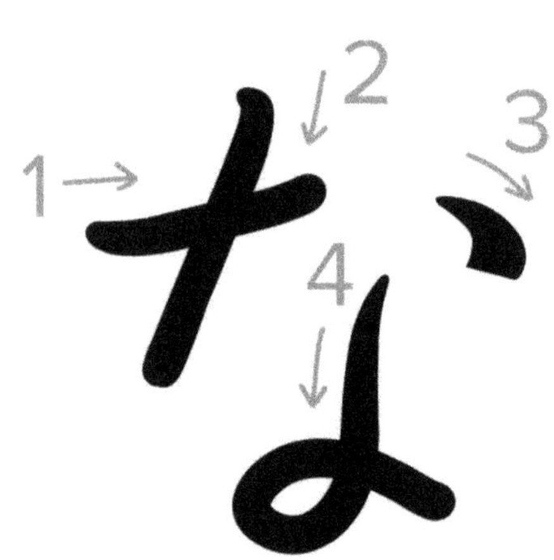

なななな

な	な	な	な	な	な	な	な	な	な	な	
な	な	な	な	な	な	な	な	な	な	な	
な	な	な	な	な	な	な	な	な	な	な	
な	な	な	な	な	な	な	な	な	な	な	
な											
な											
な											
な											
な											
な											
な											

な	な	な	な	な	な	な	な	な	な	な	
な	な	な	な	な	な	な	な	な	な	な	
な	な	な	な	な	な	な	な	な	な	な	
な	な	な	な	な	な	な	な	な	な	な	
な											
な											
な											
な											
な											
な											
な											
な											
な											
な											
な											

ni

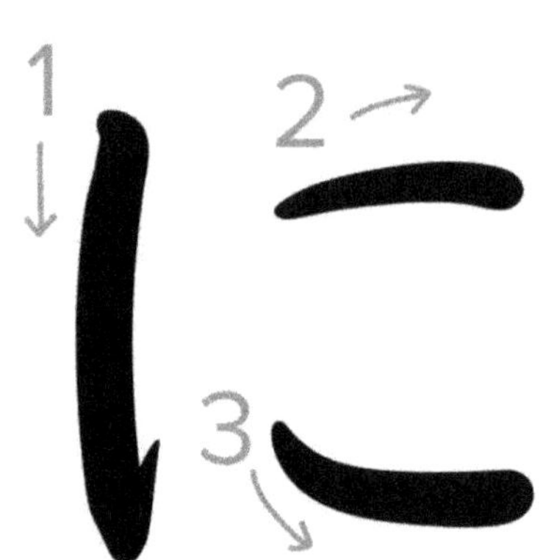

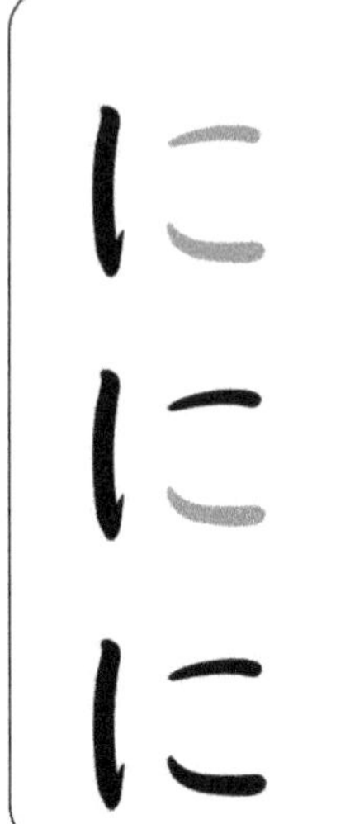

に	に	に	に	に	に	に	に	に	に		
に	に	に	に	に	に	に	に	に	に		
に	に	に	に	に	に	に	に	に	に		
に	に	に	に	に	に	に	に	に	に		
に											
に											
に											
に											
に											
に											
に											

に	に	に	に	に	に	に	に	に	に	に	
に	に	に	に	に	に	に	に	に	に	に	
に	に	に	に	に	に	に	に	に	に	に	
に	に	に	に	に	に	に	に	に	に	に	
に											
に											
に											
に											
に											
に											
に											
に											
に											
に											
に											

nu

ぬ
ぬ

ぬ	ぬ	ぬ	ぬ	ぬ	ぬ	ぬ	ぬ	ぬ	ぬ	ぬ	
ぬ	ぬ	ぬ	ぬ	ぬ	ぬ	ぬ	ぬ	ぬ	ぬ	ぬ	
ぬ	ぬ	ぬ	ぬ	ぬ	ぬ	ぬ	ぬ	ぬ	ぬ	ぬ	
ぬ	ぬ	ぬ	ぬ	ぬ	ぬ	ぬ	ぬ	ぬ	ぬ	ぬ	
ぬ											
ぬ											
ぬ											
ぬ											
ぬ											
ぬ											
ぬ											

ぬ	ぬ	ぬ	ぬ	ぬ	ぬ	ぬ	ぬ	ぬ	ぬ	ぬ	
ぬ	ぬ	ぬ	ぬ	ぬ	ぬ	ぬ	ぬ	ぬ	ぬ	ぬ	
ぬ	ぬ	ぬ	ぬ	ぬ	ぬ	ぬ	ぬ	ぬ	ぬ	ぬ	
ぬ	ぬ	ぬ	ぬ	ぬ	ぬ	ぬ	ぬ	ぬ	ぬ	ぬ	
ぬ											
ぬ											
ぬ											
ぬ											
ぬ											
ぬ											
ぬ											
ぬ											
ぬ											
ぬ											
ぬ											

ne

ね
ね

ね	ね	ね	ね	ね	ね	ね	ね	ね	ね	ね	
ね	ね	ね	ね	ね	ね	ね	ね	ね	ね	ね	
ね	ね	ね	ね	ね	ね	ね	ね	ね	ね	ね	
ね	ね	ね	ね	ね	ね	ね	ね	ね	ね	ね	
ね											
ね											
ね											
ね											
ね											
ね											
ね											

ねねねねねねねねねねね
ねねねねねねねねねねね
ねねねねねねねねねねね
ねねねねねねねねねねね
ね
ね
ね
ね
ね
ね
ね
ね
ね
ね
ね

no

の	の	の	の	の	の	の	の	の	の	の	
の	の	の	の	の	の	の	の	の	の		
の	の	の	の	の	の	の	の	の	の		
の	の	の	の	の	の	の	の	の	の	の	
の											
の											
の											
の											
の											
の											
の											

の	の	の	の	の	の	の	の	の	の	の	
の	の	の	の	の	の	の	の	の	の	の	
の	の	の	の	の	の	の	の	の	の	の	
の	の	の	の	の	の	の	の	の	の	の	
の											
の											
の											
の											
の											
の											
の											
の											
の											
の											
の											

ha

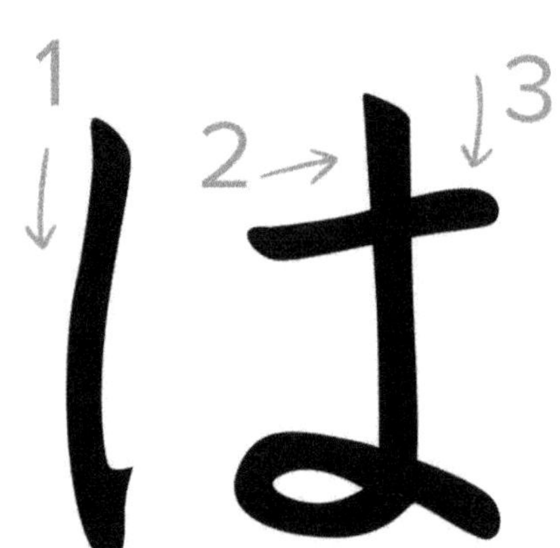

ははは

は	は	は	は	は	は	は	は	は	は	は	
は	は	は	は	は	は	は	は	は	は	は	
は	は	は	は	は	は	は	は	は	は	は	
は	は	は	は	は	は	は	は	は	は		
は											
は											
は											
は											
は											
は											
は											

は	は	は	は	は	は	は	は	は	は	は	
は	は	は	は	は	は	は	は	は	は	は	
は	は	は	は	は	は	は	は	は	は	は	
は	は	は	は	は	は	は	は	は	は	は	
は											
は											
は											
は											
は											
は											
は											
は											
は											
は											
は											

hi

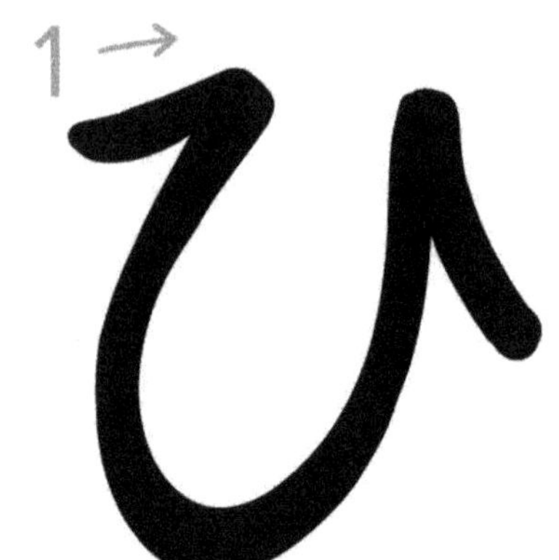

ひ

ひ	ひ	ひ	ひ	ひ	ひ	ひ	ひ	ひ	ひ	ひ	
ひ	ひ	ひ	ひ	ひ	ひ	ひ	ひ	ひ	ひ	ひ	
ひ	ひ	ひ	ひ	ひ	ひ	ひ	ひ	ひ	ひ	ひ	
ひ	ひ	ひ	ひ	ひ	ひ	ひ	ひ	ひ	ひ	ひ	
ひ											
ひ											
ひ											
ひ											
ひ											
ひ											
ひ											

ひ	ひ	ひ	ひ	ひ	ひ	ひ	ひ	ひ	ひ	ひ	
ひ	ひ	ひ	ひ	ひ	ひ	ひ	ひ	ひ	ひ	ひ	
ひ	ひ	ひ	ひ	ひ	ひ	ひ	ひ	ひ	ひ	ひ	
ひ	ひ	ひ	ひ	ひ	ひ	ひ	ひ	ひ	ひ	ひ	
ひ											
ひ											
ひ											
ひ											
ひ											
ひ											
ひ											
ひ											
ひ											
ひ											
ひ											

fu

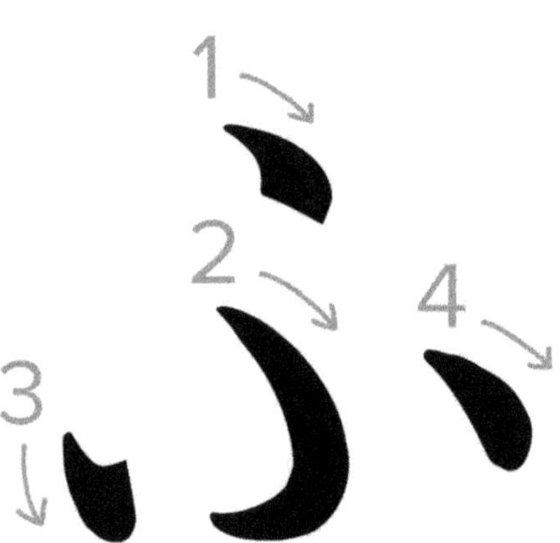

ふふふふ

he

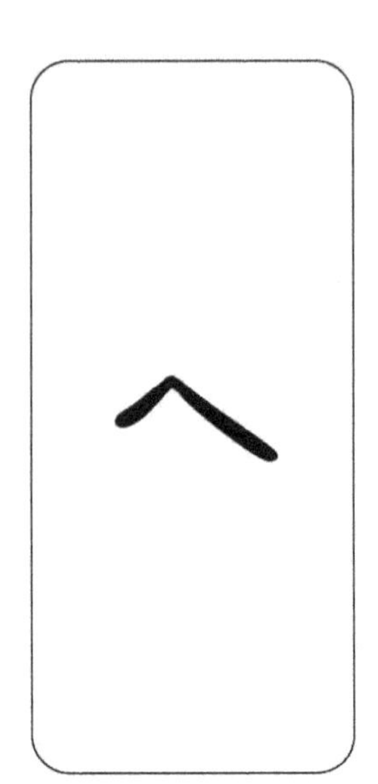

へ	へ	へ	へ	へ	へ	へ	へ	へ	へ	へ	
へ	へ	へ	へ	へ	へ	へ	へ	へ	へ	へ	
へ	へ	へ	へ	へ	へ	へ	へ	へ	へ	へ	
へ	へ	へ	へ	へ	へ	へ	へ	へ	へ	へ	
へ											
へ											
へ											
へ											
へ											
へ											
へ											
へ											
へ											
へ											
へ											

ho

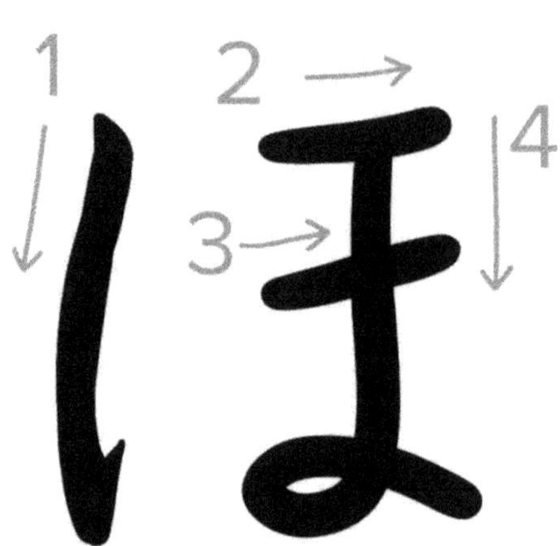

ほほほほ

ほ	ほ	ほ	ほ	ほ	ほ	ほ	ほ	ほ	ほ		
ほ	ほ	ほ	ほ	ほ	ほ	ほ	ほ	ほ	ほ		
ほ	ほ	ほ	ほ	ほ	ほ	ほ	ほ	ほ	ほ		
ほ	ほ	ほ	ほ	ほ	ほ	ほ	ほ	ほ	ほ		
ほ											
ほ											
ほ											
ほ											
ほ											
ほ											
ほ											

ほほほほほほほほほほ
ほほほほほほほほほほ
ほほほほほほほほほほ
ほほほほほほほほほほ
ほ
ほ
ほ
ほ
ほ
ほ
ほ
ほ
ほ
ほ
ほ

ma

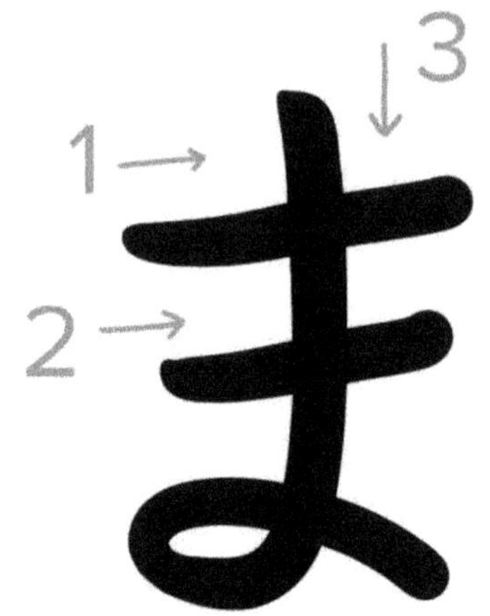

ままま

ままままままままままま
ままままままままままま
ままままままままままま
ままままままままままま
ま
ま
ま
ま
ま
ま
ま

ま	ま	ま	ま	ま	ま	ま	ま	ま	ま	ま	
ま	ま	ま	ま	ま	ま	ま	ま	ま	ま	ま	
ま	ま	ま	ま	ま	ま	ま	ま	ま	ま	ま	
ま	ま	ま	ま	ま	ま	ま	ま	ま	ま	ま	
ま											
ま											
ま											
ま											
ま											
ま											
ま											
ま											
ま											
ま											
ま											

mi

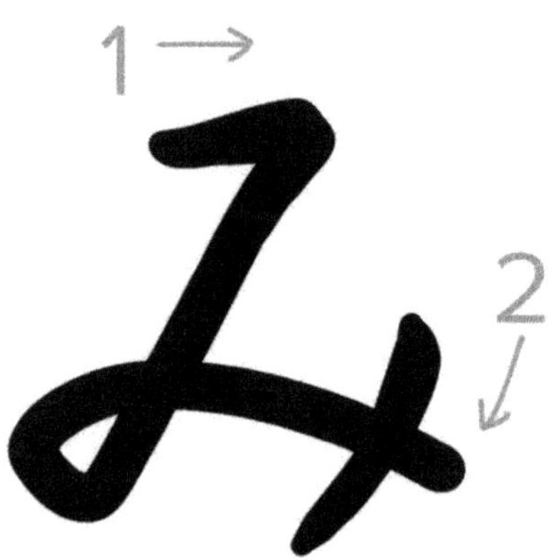

みみ

み	み	み	み	み	み	み	み	み	み	み	
み	み	み	み	み	み	み	み	み	み	み	
み	み	み	み	み	み	み	み	み	み	み	
み	み	み	み	み	み	み	み	み	み	み	
み											
み											
み											
み											
み											
み											
み											

み	み	み	み	み	み	み	み	み	み	み	
み	み	み	み	み	み	み	み	み	み	み	
み	み	み	み	み	み	み	み	み	み	み	
み	み	み	み	み	み	み	み	み	み	み	
み											
み											
み											
み											
み											
み											
み											
み											
み											
み											
み											

mu

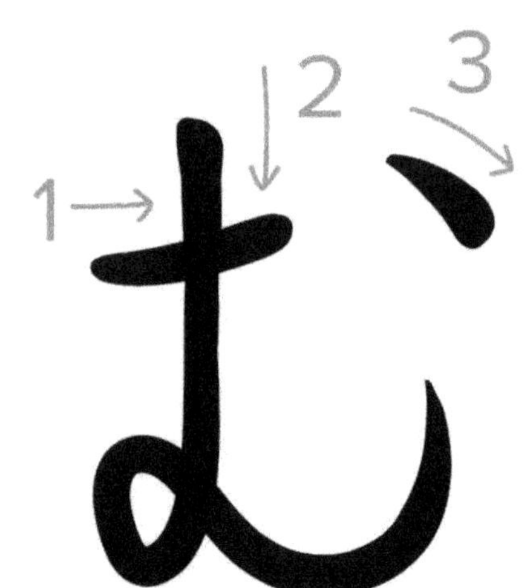

むむむ

む	む	む	む	む	む	む	む	む	む	む	
む	む	む	む	む	む	む	む	む	む	む	
む	む	む	む	む	む	む	む	む	む	む	
む	む	む	む	む	む	む	む	む	む	む	
む											
む											
む											
む											
む											
む											
む											

むむむむむむむむむむむ
むむむむむむむむむむむ
むむむむむむむむむむむ
むむむむむむむむむむむ
む
む
む
む
む
む
む
む
む
む
む

me

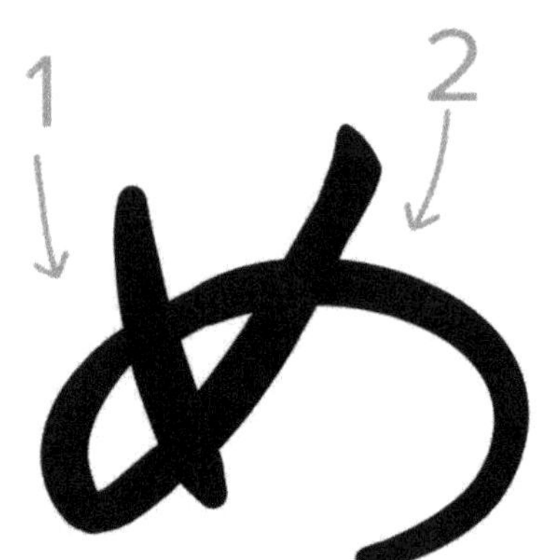

め	め	め	め	め	め	め	め	め	め		
め	め	め	め	め	め	め	め	め	め		
め	め	め	め	め	め	め	め	め	め		
め	め	め	め	め	め	め	め	め	め		
め											
め											
め											
め											
め											
め											
め											

め	め	め	め	め	め	め	め	め	め	め	
め	め	め	め	め	め	め	め	め	め	め	
め	め	め	め	め	め	め	め	め	め	め	
め	め	め	め	め	め	め	め	め	め	め	
め											
め											
め											
め											
め											
め											
め											
め											
め											
め											
め											

mo

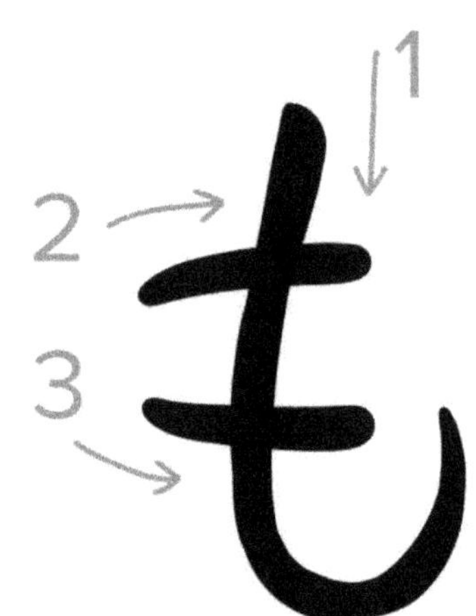

も
も
も

も	も	も	も	も	も	も	も	も	も		
も	も	も	も	も	も	も	も	も	も		
も	も	も	も	も	も	も	も	も	も		
も	も	も	も	も	も	も	も	も	も		
も											
も											
も											
も											
も											
も											
も											

も	も	も	も	も	も	も	も	も	も	も	
も	も	も	も	も	も	も	も	も	も	も	
も	も	も	も	も	も	も	も	も	も	も	
も	も	も	も	も	も	も	も	も	も	も	
も											
も											
も											
も											
も											
も											
も											
も											
も											
も											
も											

ya

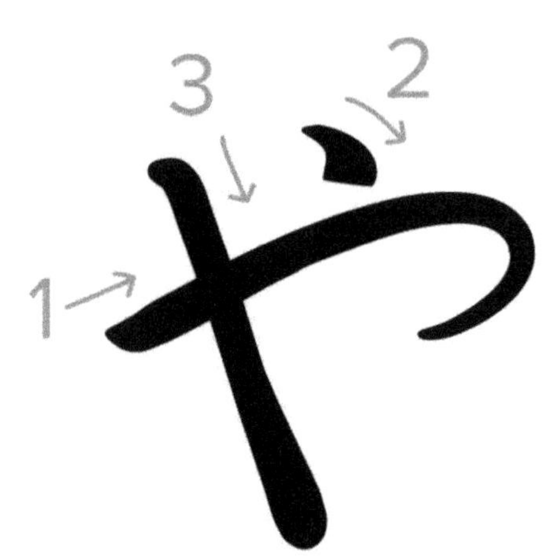

ややややややややややや
ややややややややややや
ややややややややややや
ややややややややややや
や
や
や
や
や
や
や
や
や
や
や

yu

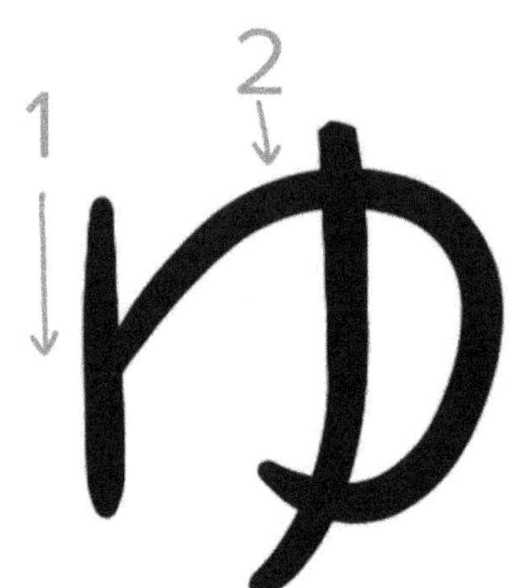

ゆ
ゆ

ゆ	ゆ	ゆ	ゆ	ゆ	ゆ	ゆ	ゆ	ゆ	ゆ	ゆ	
ゆ	ゆ	ゆ	ゆ	ゆ	ゆ	ゆ	ゆ	ゆ	ゆ	ゆ	
ゆ	ゆ	ゆ	ゆ	ゆ	ゆ	ゆ	ゆ	ゆ	ゆ	ゆ	
ゆ	ゆ	ゆ	ゆ	ゆ	ゆ	ゆ	ゆ	ゆ	ゆ	ゆ	
ゆ											
ゆ											
ゆ											
ゆ											
ゆ											
ゆ											
ゆ											

ゆ	ゆ	ゆ	ゆ	ゆ	ゆ	ゆ	ゆ	ゆ	ゆ	ゆ	
ゆ	ゆ	ゆ	ゆ	ゆ	ゆ	ゆ	ゆ	ゆ	ゆ	ゆ	
ゆ	ゆ	ゆ	ゆ	ゆ	ゆ	ゆ	ゆ	ゆ	ゆ	ゆ	
ゆ	ゆ	ゆ	ゆ	ゆ	ゆ	ゆ	ゆ	ゆ	ゆ	ゆ	
ゆ											
ゆ											
ゆ											
ゆ											
ゆ											
ゆ											
ゆ											
ゆ											
ゆ											
ゆ											
ゆ											

yo

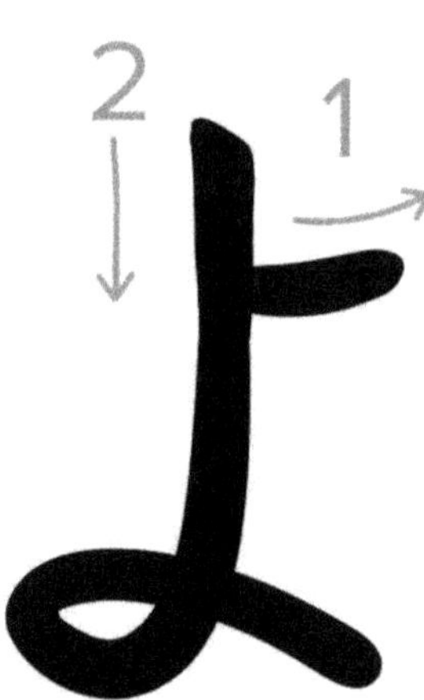

よ
ょ

よ	よ	よ	よ	よ	よ	よ	よ	よ	よ	よ	
よ	よ	よ	よ	よ	よ	よ	よ	よ	よ	よ	
よ	よ	よ	よ	よ	よ	よ	よ	よ	よ	よ	
よ	よ	よ	よ	よ	よ	よ	よ	よ	よ	よ	
よ											
よ											
よ											
よ											
よ											
よ											
よ											
よ											
よ											
よ											
よ											

ra

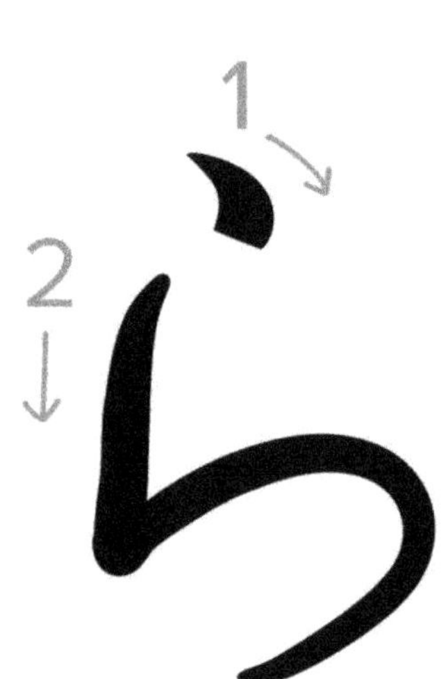

ら
ら

ら	ら	ら	ら	ら	ら	ら	ら	ら	ら	ら	
ら	ら	ら	ら	ら	ら	ら	ら	ら	ら	ら	
ら	ら	ら	ら	ら	ら	ら	ら	ら	ら	ら	
ら	ら	ら	ら	ら	ら	ら	ら	ら	ら	ら	
ら											
ら											
ら											
ら											
ら											
ら											
ら											
ら											
ら											
ら											
ら											

ri

り

1 2

り り

り	り	り	り	り	り	り	り	り	り	り	
り	り	り	り	り	り	り	り	り	り	り	
り	り	り	り	り	り	り	り	り	り	り	
り	り	り	り	り	り	り	り	り	り		
り											
り											
り											
り											
り											
り											
り											

り	り	り	り	り	り	り	り	り	り	り	
り	り	り	り	り	り	り	り	り	り	り	
り	り	り	り	り	り	り	り	り	り	り	
り	り	り	り	り	り	り	り	り	り	り	
り											
り											
り											
り											
り											
り											
り											
り											
り											
り											
り											

ru

る

る	る	る	る	る	る	る	る	る	る	る	
る	る	る	る	る	る	る	る	る	る	る	
る	る	る	る	る	る	る	る	る	る	る	
る	る	る	る	る	る	る	る	る	る	る	
る											
る											
る											
る											
る											
る											
る											

るるるるるるるるるるる
るるるるるるるるるるる
るるるるるるるるるるる
るるるるるるるるるるる
る
る
る
る
る
る
る
る
る
る
る

re

1 2

れ

れ
れ

れ	れ	れ	れ	れ	れ	れ	れ	れ	れ	れ	
れ	れ	れ	れ	れ	れ	れ	れ	れ	れ	れ	
れ	れ	れ	れ	れ	れ	れ	れ	れ	れ	れ	
れ	れ	れ	れ	れ	れ	れ	れ	れ	れ	れ	
れ											
れ											
れ											
れ											
れ											
れ											
れ											

れ	れ	れ	れ	れ	れ	れ	れ	れ	れ	れ	
れ	れ	れ	れ	れ	れ	れ	れ	れ	れ	れ	
れ	れ	れ	れ	れ	れ	れ	れ	れ	れ	れ	
れ	れ	れ	れ	れ	れ	れ	れ	れ	れ	れ	
れ											
れ											
れ											
れ											
れ											
れ											
れ											
れ											
れ											
れ											
れ											

ro

1

ろ

ろ

ろ	ろ	ろ	ろ	ろ	ろ	ろ	ろ	ろ	ろ	ろ	
ろ	ろ	ろ	ろ	ろ	ろ	ろ	ろ	ろ	ろ	ろ	
ろ	ろ	ろ	ろ	ろ	ろ	ろ	ろ	ろ	ろ	ろ	
ろ	ろ	ろ	ろ	ろ	ろ	ろ	ろ	ろ	ろ	ろ	
ろ											
ろ											
ろ											
ろ											
ろ											
ろ											
ろ											

ろろろろろろろろろろろ
ろろろろろろろろろろろ
ろろろろろろろろろろろ
ろろろろろろろろろろろ
ろ
ろ
ろ
ろ
ろ
ろ
ろ
ろ
ろ
ろ
ろ

wa

わ
わ

わ	わ	わ	わ	わ	わ	わ	わ	わ	わ		
わ	わ	わ	わ	わ	わ	わ	わ	わ	わ		
わ	わ	わ	わ	わ	わ	わ	わ	わ	わ		
わ	わ	わ	わ	わ	わ	わ	わ	わ	わ		
わ											
わ											
わ											
わ											
わ											
わ											
わ											

わ	わ	わ	わ	わ	わ	わ	わ	わ	わ	わ	
わ	わ	わ	わ	わ	わ	わ	わ	わ	わ	わ	
わ	わ	わ	わ	わ	わ	わ	わ	わ	わ	わ	
わ	わ	わ	わ	わ	わ	わ	わ	わ	わ	わ	
わ											
わ											
わ											
わ											
わ											
わ											
わ											
わ											
わ											
わ											
わ											

WO

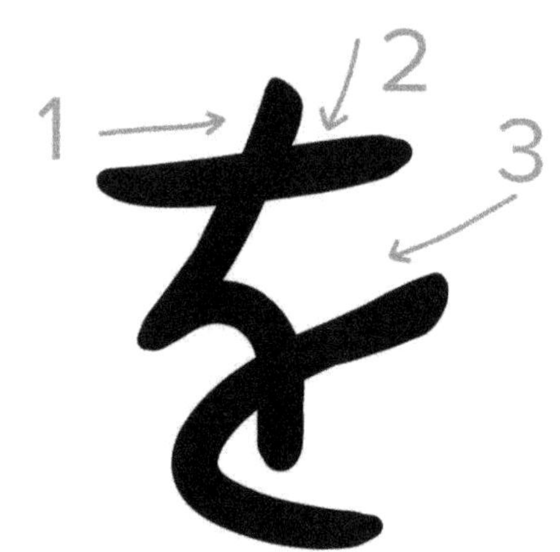

を
を
を

を	を	を	を	を	を	を	を	を	を	を	
を	を	を	を	を	を	を	を	を	を	を	
を	を	を	を	を	を	を	を	を	を	を	
を	を	を	を	を	を	を	を	を	を	を	
を											
を											
を											
を											
を											
を											
を											

を	を	を	を	を	を	を	を	を	を	を	
を	を	を	を	を	を	を	を	を	を	を	
を	を	を	を	を	を	を	を	を	を	を	
を	を	を	を	を	を	を	を	を	を	を	
を											
を											
を											
を											
を											
を											
を											
を											
を											
を											
を											

n

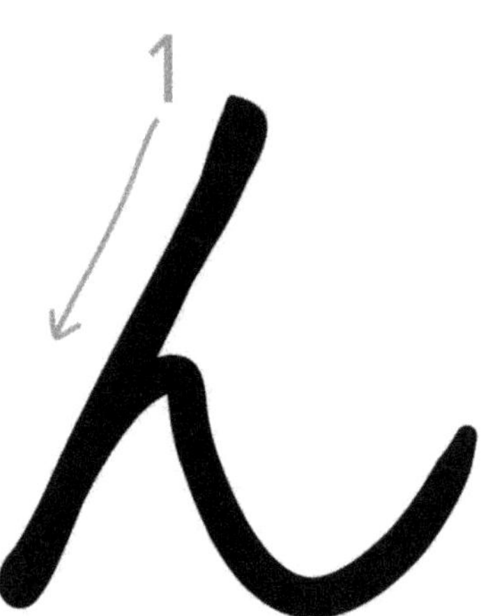

h	h	h	h	h	h	h	h	h	h	h	
h	h	h	h	h	h	h	h	h	h	h	
h	h	h	h	h	h	h	h	h	h	h	
h	h	h	h	h	h	h	h	h	h	h	
h											
h											
h											
h											
h											
h											
h											
h											
h											
h											
h											

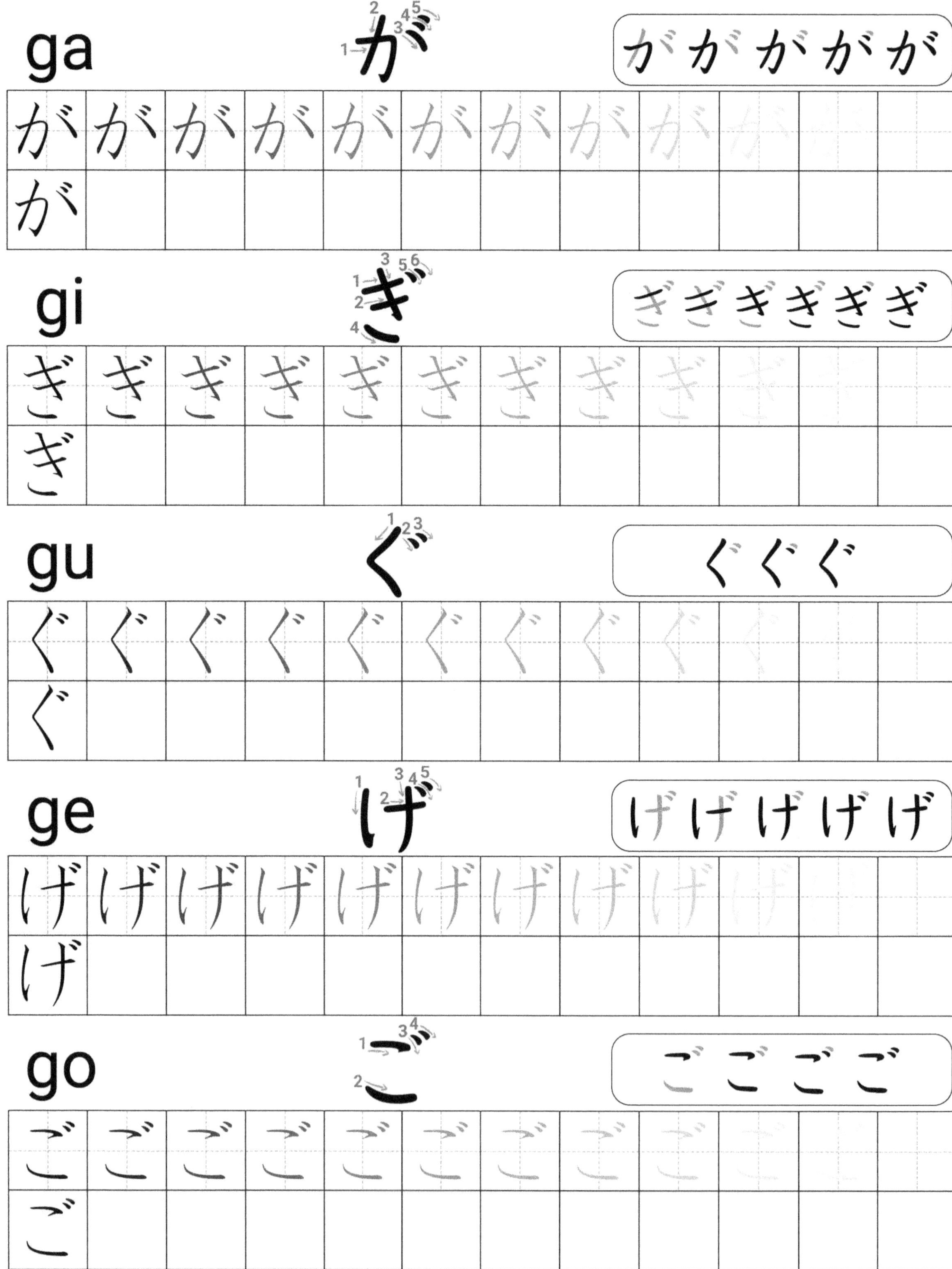
ga
が
がががが
gi
ぎ
ぎぎぎぎぎぎ
gu
ぐ
ぐぐぐ
ge
げ
げげげげげ
go
ご
ごごごご

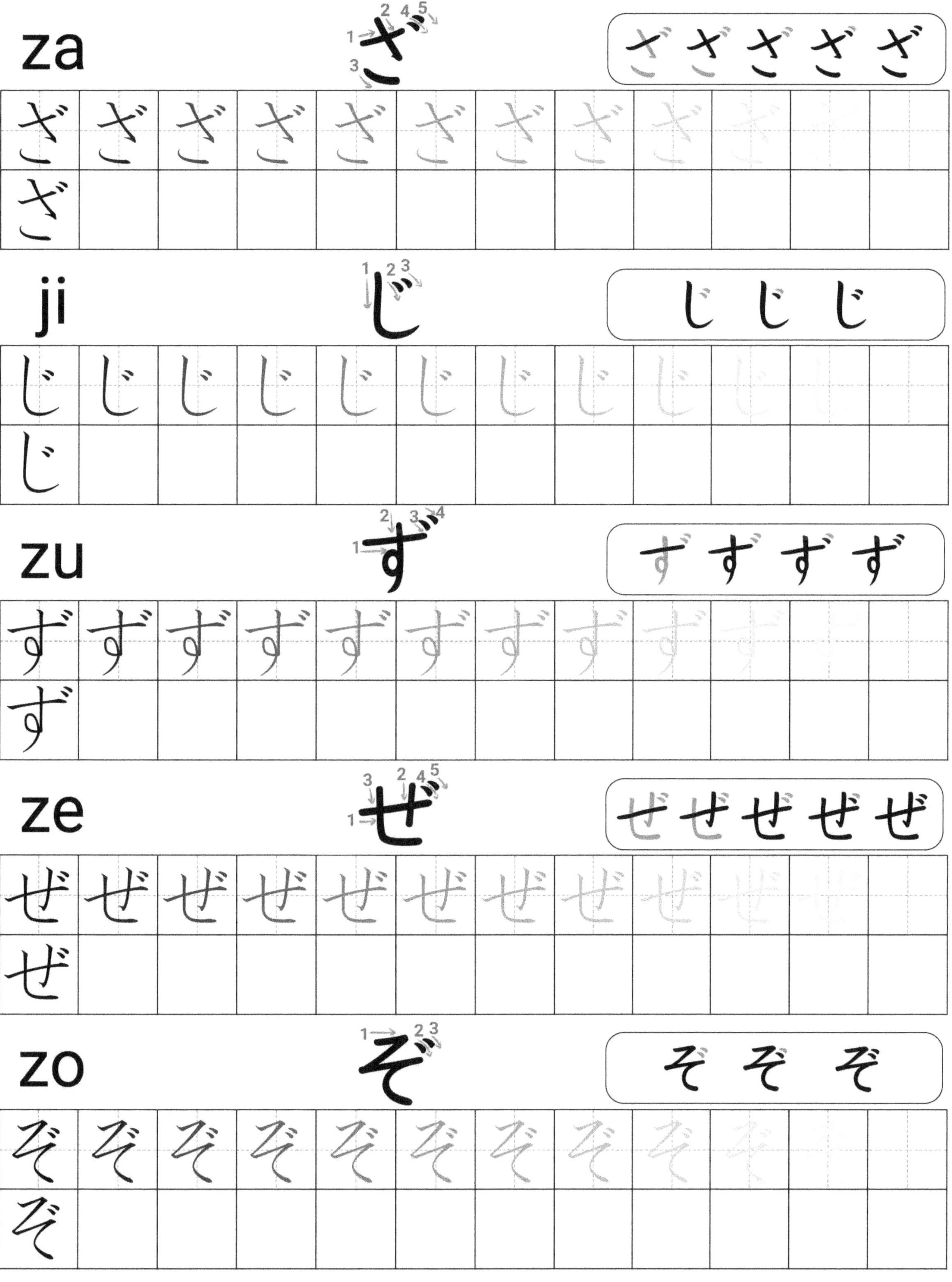
za
ざ
ざ ざ ざ ざ ざ
ji
じ
じ じ じ
zu
ず
ず ず ず ず
ze
ぜ
ぜ ぜ ぜ ぜ ぜ
zo
ぞ
ぞ ぞ ぞ

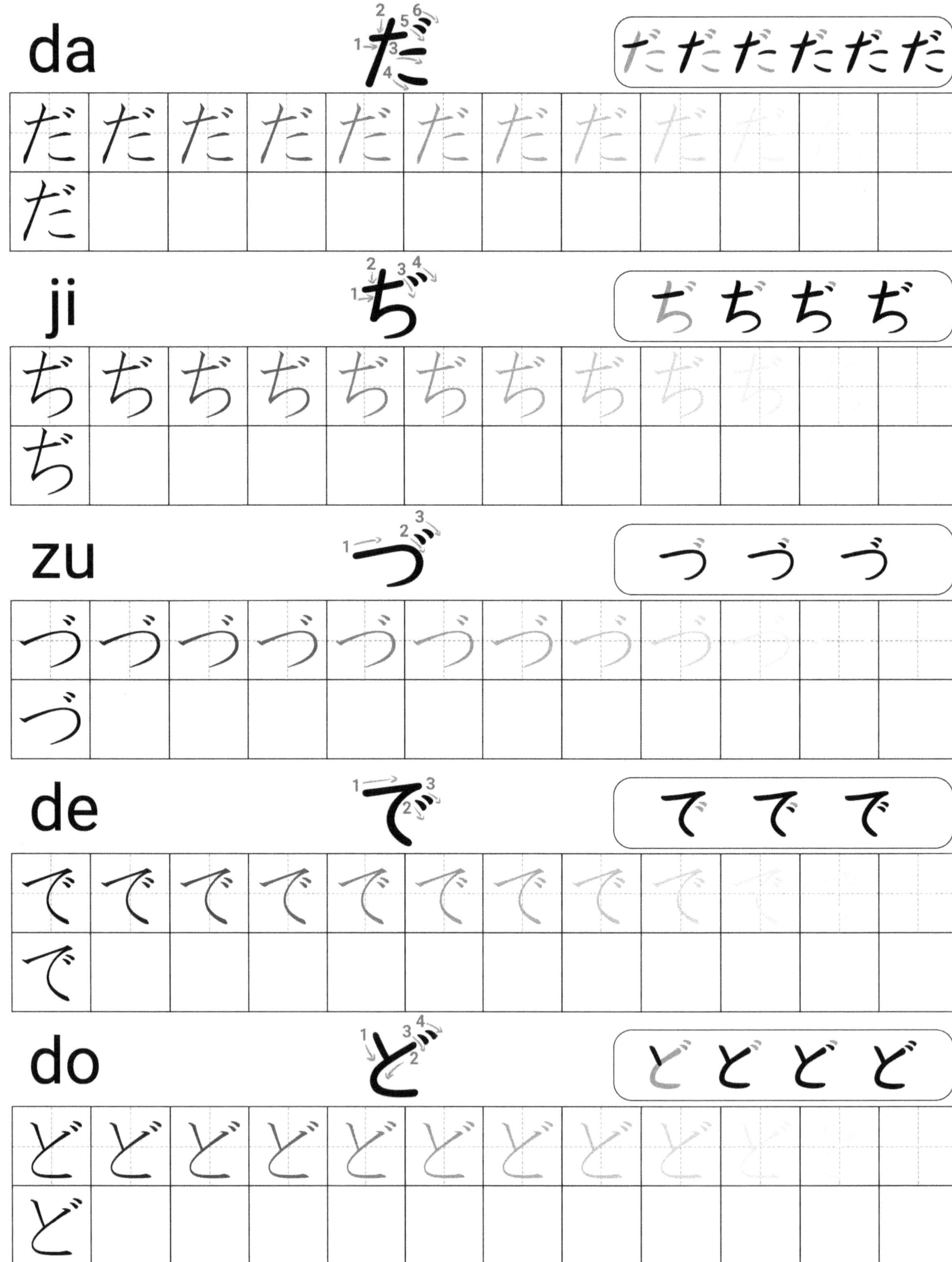
da
だ
ji
ぢ
zu
づ
de
で
do
ど

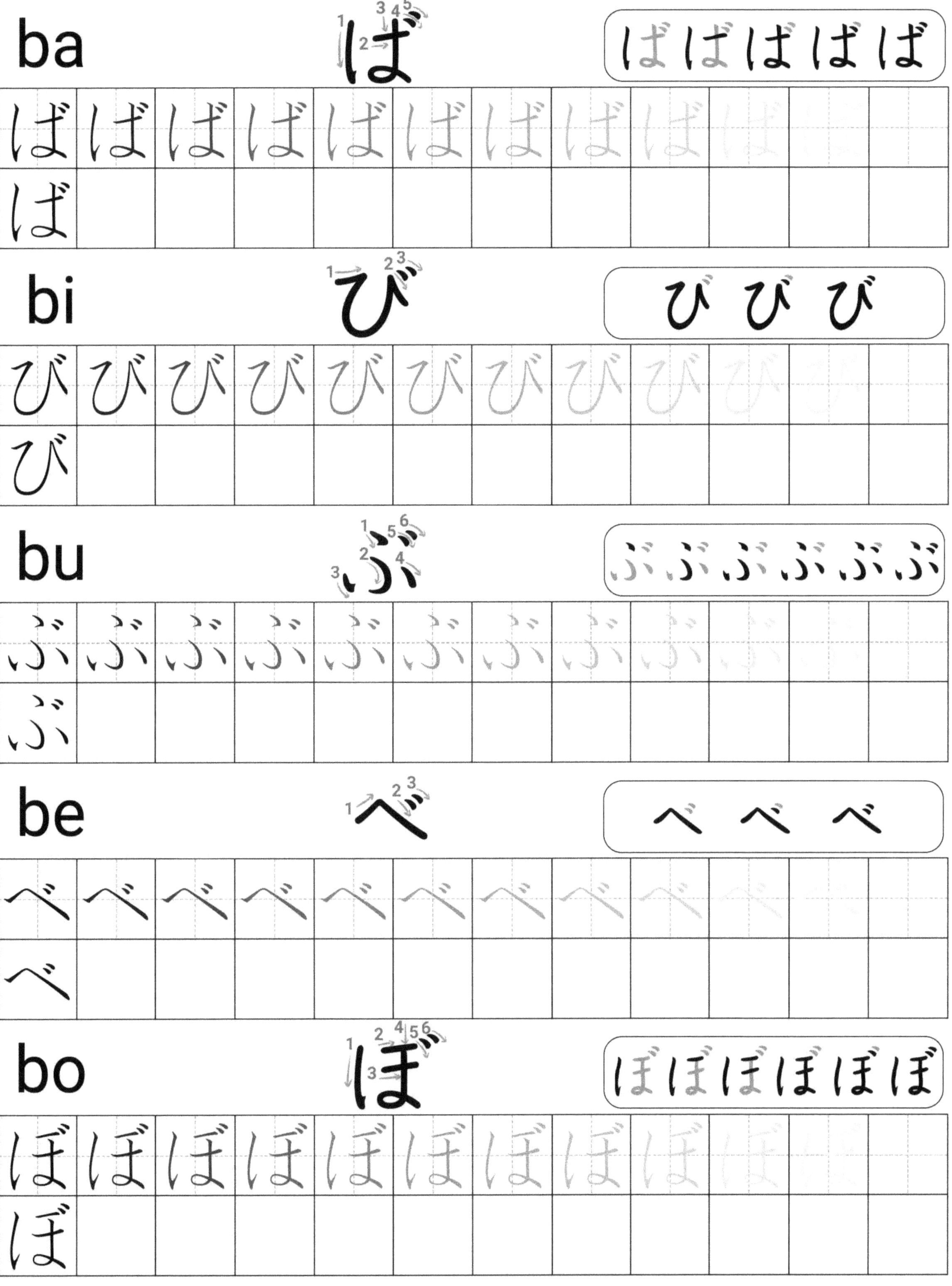
ba
ば
ばばばばば
bi
び
びびび
bu
ぶ
ぶぶぶぶぶぶ
be
べ
べべべ
bo
ぼ
ぼぼぼぼぼぼ

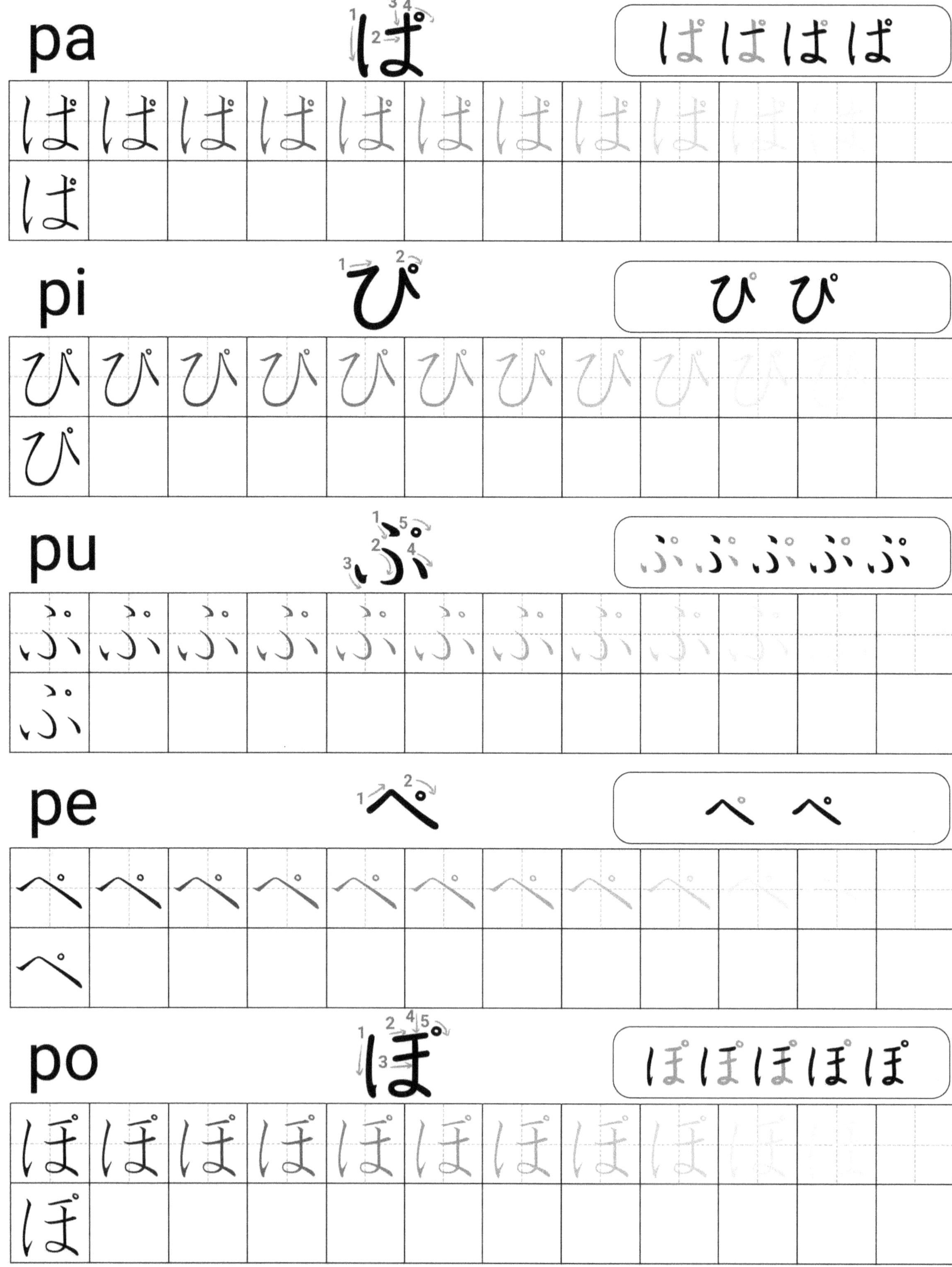
pa
ぱ
1
2
3
4
ぱぱぱぱ
pi
ぴ
1
2
ぴ ぴ
pu
ぷ
1
2
3
4
5
ぷぷぷぷぷ
pe
ぺ
1
2
ぺ ぺ
po
ぽ
1
2
3
4
5
ぽぽぽぽぽ

kya

きゃ きゃ きゃ きゃ
きゃ きゃ きゃ

きゃ	きゃ	きゃ	きゃ	きゃ	きゃ	きゃ	きゃ	きゃ	きゃ	きゃ	
きゃ	きゃ	きゃ	きゃ	きゃ	きゃ	きゃ	きゃ	きゃ	きゃ	きゃ	
きゃ											

kyu

きゅ きゅ きゅ きゅ
きゅ きゅ

きゅ	きゅ	きゅ	きゅ	きゅ	きゅ	きゅ	きゅ	きゅ	きゅ	きゅ	
きゅ	きゅ	きゅ	きゅ	きゅ	きゅ	きゅ	きゅ	きゅ	きゅ	きゅ	
きゅ											

kyo

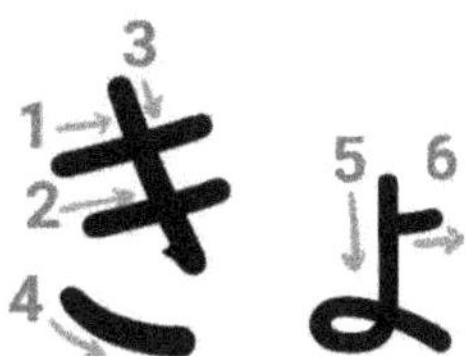

きょ きょ きょ きょ
きょ きょ

きょ	きょ	きょ	きょ	きょ	きょ	きょ	きょ	きょ	きょ	きょ	
きょ	きょ	きょ	きょ	きょ	きょ	きょ	きょ	きょ	きょ	きょ	
きょ											

sha

しゃ

しゃ しゃ しゃ しゃ

しゃ	しゃ	しゃ	しゃ	しゃ	しゃ	しゃ	しゃ	しゃ	しゃ	しゃ	
しゃ	しゃ	しゃ	しゃ	しゃ	しゃ	しゃ	しゃ	しゃ	しゃ	しゃ	
しゃ											

shu

しゅ

しゅ しゅ しゅ

しゅ	しゅ	しゅ	しゅ	しゅ	しゅ	しゅ	しゅ	しゅ	しゅ	しゅ	
しゅ	しゅ	しゅ	しゅ	しゅ	しゅ	しゅ	しゅ	しゅ	しゅ	しゅ	
しゅ											

sho

しょ

しょ しょ しょ

しょ	しょ	しょ	しょ	しょ	しょ	しょ	しょ	しょ	しょ	しょ	
しょ	しょ	しょ	しょ	しょ	しょ	しょ	しょ	しょ	しょ	しょ	
しょ											

cha

ちゃ

ちゃ ちゃ ちゃ
ちゃ ちゃ

ちゃ	ちゃ	ちゃ	ちゃ	ちゃ	ちゃ	ちゃ	ちゃ	ちゃ	ちゃ	ちゃ	
ちゃ	ちゃ	ちゃ	ちゃ	ちゃ	ちゃ	ちゃ	ちゃ	ちゃ	ちゃ	ちゃ	
ちゃ											

chu

ちゅ

ちゅ ちゅ ちゅ ちゅ

ちゅ	ちゅ	ちゅ	ちゅ	ちゅ	ちゅ	ちゅ	ちゅ	ちゅ	ちゅ	ちゅ	
ちゅ	ちゅ	ちゅ	ちゅ	ちゅ	ちゅ	ちゅ	ちゅ	ちゅ	ちゅ	ちゅ	
ちゅ											

cho

ちょ ちょ ちょ ちょ

ちょ	ちょ	ちょ	ちょ	ちょ	ちょ	ちょ	ちょ	ちょ	ちょ	ちょ	
ちょ	ちょ	ちょ	ちょ	ちょ	ちょ	ちょ	ちょ	ちょ	ちょ	ちょ	
ちょ											

nya

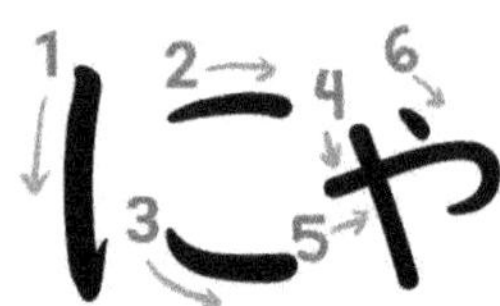

にゃ にゃ にゃ
にゃ にゃ にゃ

にゃ	にゃ	にゃ	にゃ	にゃ	にゃ	にゃ	にゃ	にゃ	にゃ	にゃ	
にゃ	にゃ	にゃ	にゃ	にゃ	にゃ	にゃ	にゃ	にゃ	にゃ	にゃ	
にゃ											

nyu

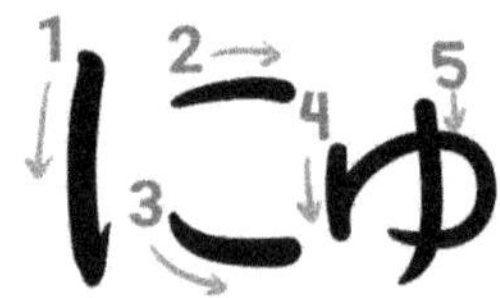

にゅ にゅ にゅ
にゅ にゅ

にゅ	にゅ	にゅ	にゅ	にゅ	にゅ	にゅ	にゅ	にゅ	にゅ	にゅ	
にゅ	にゅ	にゅ	にゅ	にゅ	にゅ	にゅ	にゅ	にゅ	にゅ	にゅ	
にゅ											

nyo

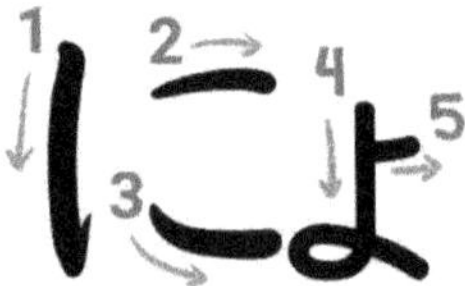

にょ にょ にょ
にょ にょ

にょ	にょ	にょ	にょ	にょ	にょ	にょ	にょ	にょ	にょ		
にょ	にょ	にょ	にょ	にょ	にょ	にょ	にょ	にょ	にょ	にょ	
にょ											

hya

ひゃ ひゃ ひゃ ひゃ

ひゃ	ひゃ	ひゃ	ひゃ	ひゃ	ひゃ	ひゃ	ひゃ	ひゃ	ひゃ	ひゃ	
ひゃ	ひゃ	ひゃ	ひゃ	ひゃ	ひゃ	ひゃ	ひゃ	ひゃ	ひゃ	ひゃ	
ひゃ											

hyu

ひゅ ひゅ ひゅ

ひゅ	ひゅ	ひゅ	ひゅ	ひゅ	ひゅ	ひゅ	ひゅ	ひゅ	ひゅ	ひゅ	
ひゅ	ひゅ	ひゅ	ひゅ	ひゅ	ひゅ	ひゅ	ひゅ	ひゅ	ひゅ	ひゅ	
ひゅ											

hyo

ひょ ひょ ひょ

ひょ	ひょ	ひょ	ひょ	ひょ	ひょ	ひょ	ひょ	ひょ	ひょ	ひょ	
ひょ	ひょ	ひょ	ひょ	ひょ	ひょ	ひょ	ひょ	ひょ	ひょ	ひょ	
ひょ											

mya

みゃ みゃ みゃ
みゃ みゃ

みゃ	みゃ	みゃ	みゃ	みゃ	みゃ	みゃ	みゃ	みゃ	みゃ		
みゃ	みゃ	みゃ	みゃ	みゃ	みゃ	みゃ	みゃ	みゃ	みゃ	みゃ	
みゃ											

myu

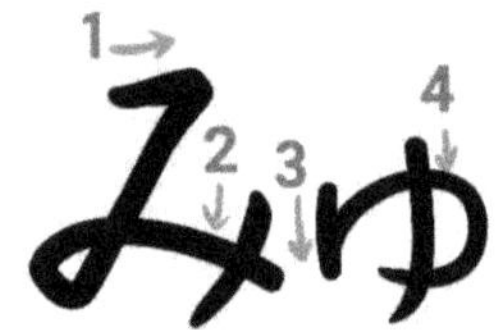

みゅ みゅ みゅ
みゅ

みゅ	みゅ	みゅ	みゅ	みゅ	みゅ	みゅ	みゅ	みゅ	みゅ		
みゅ	みゅ	みゅ	みゅ	みゅ	みゅ	みゅ	みゅ	みゅ	みゅ	みゅ	
みゅ											

myo

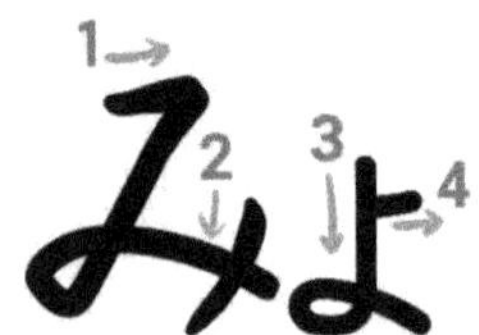

みょ みょ みょ
みょ

みょ	みょ	みょ	みょ	みょ	みょ	みょ	みょ	みょ	みょ		
みょ	みょ	みょ	みょ	みょ	みょ	みょ	みょ	みょ	みょ	みょ	
みょ											

rya

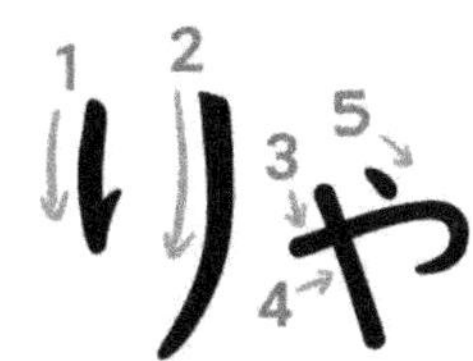

りゃ りゃ りゃ
りゃ りゃ

りゃ	りゃ	りゃ	りゃ	りゃ	りゃ	りゃ	りゃ	りゃ	りゃ	りゃ	
りゃ	りゃ	りゃ	りゃ	りゃ	りゃ	りゃ	りゃ	りゃ	りゃ	りゃ	
りゃ											

ryu

1 2 3 4
りゅ

りゅ りゅ りゅ りゅ

りゅ	りゅ	りゅ	りゅ	りゅ	りゅ	りゅ	りゅ	りゅ	りゅ	りゅ	
りゅ	りゅ	りゅ	りゅ	りゅ	りゅ	りゅ	りゅ	りゅ	りゅ	りゅ	
りゅ											

ryo

1 2 3 4
りょ

りょ りょ りょ りょ

りょ	りょ	りょ	りょ	りょ	りょ	りょ	りょ	りょ	りょ	りょ	
りょ	りょ	りょ	りょ	りょ	りょ	りょ	りょ	りょ	りょ	りょ	
りょ											

gya

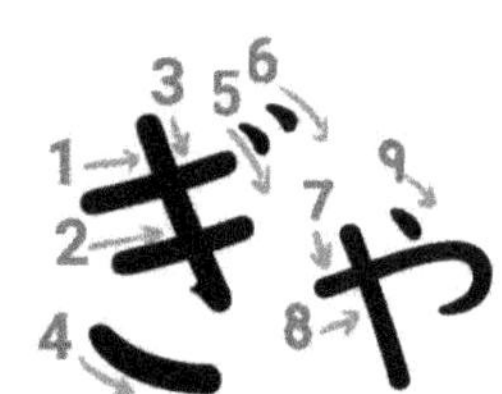

ぎゃ ぎゃ ぎゃ ぎゃ
ぎゃ ぎゃ ぎゃ ぎゃ ぎゃ

ぎゃ	ぎゃ	ぎゃ	ぎゃ	ぎゃ	ぎゃ	ぎゃ	ぎゃ	ぎゃ	ぎゃ	ぎゃ	
ぎゃ	ぎゃ	ぎゃ	ぎゃ	ぎゃ	ぎゃ	ぎゃ	ぎゃ	ぎゃ	ぎゃ	ぎゃ	
ぎゃ											

gyu

ぎゅ ぎゅ ぎゅ ぎゅ
ぎゅ ぎゅ ぎゅ ぎゅ

ぎゅ	ぎゅ	ぎゅ	ぎゅ	ぎゅ	ぎゅ	ぎゅ	ぎゅ	ぎゅ	ぎゅ	ぎゅ	
ぎゅ	ぎゅ	ぎゅ	ぎゅ	ぎゅ	ぎゅ	ぎゅ	ぎゅ	ぎゅ	ぎゅ	ぎゅ	
ぎゅ											

gyo

ぎょ ぎょ ぎょ ぎょ
ぎょ ぎょ ぎょ ぎょ

ぎょ	ぎょ	ぎょ	ぎょ	ぎょ	ぎょ	ぎょ	ぎょ	ぎょ	ぎょ	ぎょ	
ぎょ	ぎょ	ぎょ	ぎょ	ぎょ	ぎょ	ぎょ	ぎょ	ぎょ	ぎょ	ぎょ	
ぎょ											

ja

じゃ じゃ じゃ じゃ
じゃ じゃ

じゃ	じゃ	じゃ	じゃ	じゃ	じゃ	じゃ	じゃ	じゃ	じゃ	じゃ	
じゃ	じゃ	じゃ	じゃ	じゃ	じゃ	じゃ	じゃ	じゃ	じゃ	じゃ	
じゃ											

ju

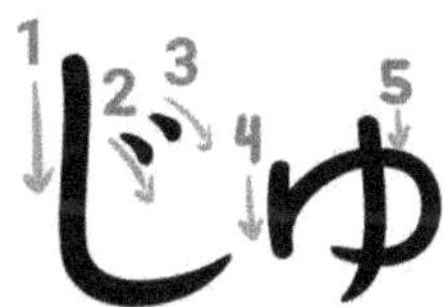

じゅ じゅ じゅ
じゅ じゅ

じゅ	じゅ	じゅ	じゅ	じゅ	じゅ	じゅ	じゅ	じゅ	じゅ	じゅ	
じゅ	じゅ	じゅ	じゅ	じゅ	じゅ	じゅ	じゅ	じゅ	じゅ	じゅ	
じゅ											

jo

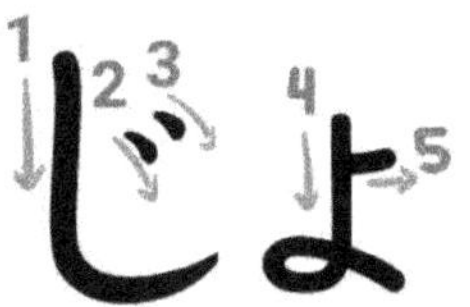

じょ じょ じょ
じょ じょ

じょ	じょ	じょ	じょ	じょ	じょ	じょ	じょ	じょ	じょ	じょ	
じょ	じょ	じょ	じょ	じょ	じょ	じょ	じょ	じょ	じょ	じょ	
じょ											

bya

びゃ びゃ びゃ びゃ
びゃ びゃ

びゃ	びゃ	びゃ	びゃ	びゃ	びゃ	びゃ	びゃ	びゃ	びゃ	びゃ	
びゃ	びゃ	びゃ	びゃ	びゃ	びゃ	びゃ	びゃ	びゃ	びゃ	びゃ	
びゃ											

byu

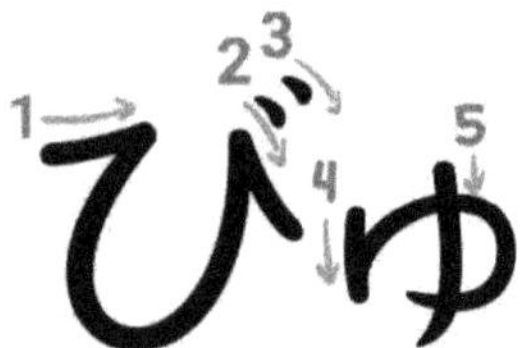

びゅ びゅ びゅ
びゅ びゅ

びゅ	びゅ	びゅ	びゅ	びゅ	びゅ	びゅ	びゅ	びゅ	びゅ	びゅ	
びゅ	びゅ	びゅ	びゅ	びゅ	びゅ	びゅ	びゅ	びゅ	びゅ	びゅ	
びゅ											

byo

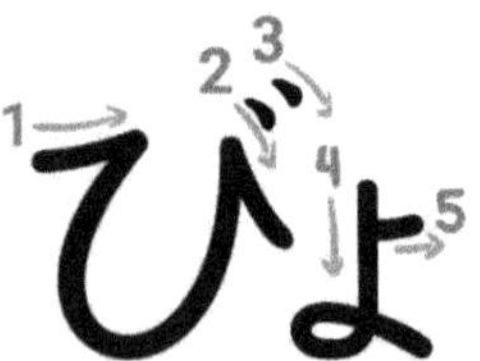

びょ びょ びょ
びょ びょ

びょ	びょ	びょ	びょ	びょ	びょ	びょ	びょ	びょ	びょ	びょ	
びょ	びょ	びょ	びょ	びょ	びょ	びょ	びょ	びょ	びょ	びょ	
びょ											

pya

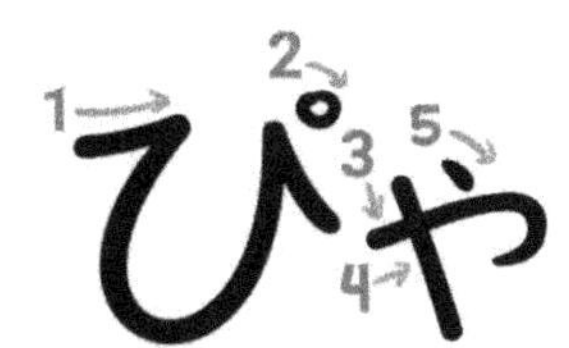

ぴゃ ぴゃ ぴゃ
ぴゃ ぴゃ

ぴゃ	ぴゃ	ぴゃ	ぴゃ	ぴゃ	ぴゃ	ぴゃ	ぴゃ	ぴゃ	ぴゃ	ぴゃ	
ぴゃ	ぴゃ	ぴゃ	ぴゃ	ぴゃ	ぴゃ	ぴゃ	ぴゃ	ぴゃ	ぴゃ	ぴゃ	
ぴゃ											

pyu

ぴゅ ぴゅ
ぴゅ ぴゅ

ぴゅ	ぴゅ	ぴゅ	ぴゅ	ぴゅ	ぴゅ	ぴゅ	ぴゅ	ぴゅ	ぴゅ	ぴゅ	
ぴゅ	ぴゅ	ぴゅ	ぴゅ	ぴゅ	ぴゅ	ぴゅ	ぴゅ	ぴゅ	ぴゅ	ぴゅ	
ぴゅ											

pyo

ぴょ ぴょ
ぴょ ぴょ

ぴょ	ぴょ	ぴょ	ぴょ	ぴょ	ぴょ	ぴょ	ぴょ	ぴょ	ぴょ	ぴょ	
ぴょ	ぴょ	ぴょ	ぴょ	ぴょ	ぴょ	ぴょ	ぴょ	ぴょ	ぴょ	ぴょ	
ぴょ											

Table of hiragana

	a-column	***i***-column	***u***-column	***e***-column	***o***-column
a-line	あ a	い i	う u	え e	お o
ka-line	か ka	き ki	く ku	け ke	こ ko
sa-line	さ sa	し shi	す su	せ se	そ so
ta-line	た ta	ち chi	つ tsu	て te	と to
na-line	な na	に ni	ぬ nu	ね ne	の no
ha-line	は ha	ひ hi	ふ fu	へ he	ほ ho
ma-line	ま ma	み mi	む mu	め me	も mo
ya-line	や ya		ゆ yu		よ yo
ra-line	ら ra	り ri	る ru	れ re	ろ ro
wa-line	わ wa				を wo
ん n					

	a-column	***i***-column	***u***-column	***e***-column	***o***-column
ga-line	が ga	ぎ gi	ぐ gu	げ ge	ご go
za-line	ざ za	じ ji	ず zu	ぜ ze	ぞ zo
da-line	だ da	ぢ ji	づ zu	で de	ど do
ba-line	ば ba	び bi	ぶ bu	べ be	ぼ bo
pa-line	ぱ pa	ぴ pi	ぷ pu	ぺ pe	ぽ po

きゃ kya	きゅ kyu	きょ kyo
しゃ sha	しゅ shu	しょ sho
ちゃ cha	ちゅ chu	ちょ cho
にゃ nya	にゅ nyu	にょ nyo
ひゃ hya	ひゅ hyu	ひょ hyo
みゃ mya	みゅ myu	みょ myo

りゃ rya	りゅ ryu	りょ ryo
ぎゃ gya	ぎゅ gyu	ぎょ gyo
じゃ ja	じゅ ju	じょ jo
びゃ bya	びゅ byu	びょ byo
ぴゃ pya	ぴゅ pyu	ぴょ pyo

ACKNOWLEDGEMENTS

Thank you for purchasing this book and we hope that its contents were useful to you in your learning of Japanese :)

If you found this book useful, please feel free to share it with your friends and family.

Also, please feel free to share your opinion on Amazon to know if this book helped you and if you enjoyed it. We are a young, independent, family-run publishing company so any feedback can make a huge difference and help us improve. We would be extremely grateful.

To do so, simply scan the QR code below to land directly on the book's Amazon review area.

Think of how many people you would help just with this review and with your honest opinion about this book.

Thanks again for your trust! (and good learning)

In the same series

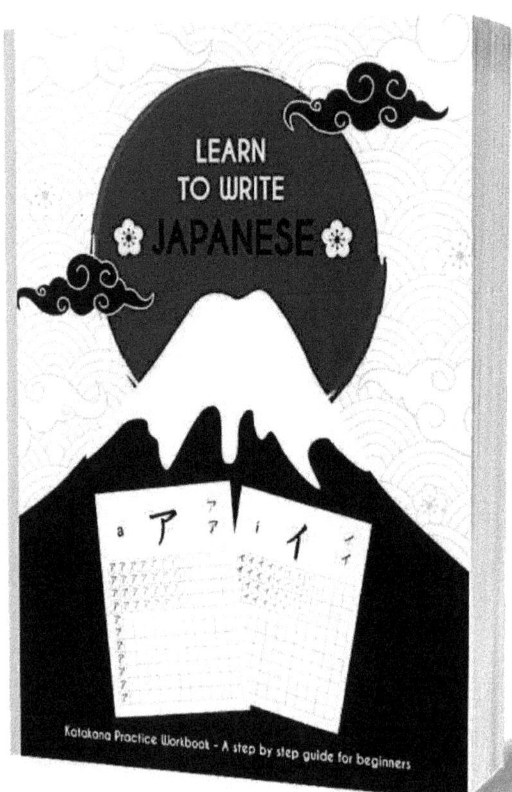

Master all the Japanese characters and learn how to draw katakana!

Thanks to this book you will be able to write the Japanese alphabet very easily and Japanese writing will no longer be a mystery to you.

You can find it on Amazon by flashing the QR code below

SCAN ME

www.ingramcontent.com/pod-product-compliance
Lightning Source LLC
Chambersburg PA
CBHW041812110726
48006CB00019B/2361
9791095567028